# DE LA SITUATION

## MORALE ET POLITIQUE

## DE LA FRANCE

### A LA FIN DE LA SESSION DE 1818.

## *Note des ouvrages de* M. Azaïs.

Des Compensations dans les destinées humaines, troisième
édition, considérablement augmentée, trois vol. in-8°.,
avec une belle gravure servant de frontispice.      15 fr.
Système universel, huit vol. in-8°.            30 fr.
Traité de Physiologie et d'Idéologie, d'après le Système uni-
versel, cinq vol. in-8°.                  20 fr.
Manuel du Philosophe ou Principes éternels, un volume in-12.
                              1 fr. 50 c.
Le nouvel Ami des enfans, par M. et M<sup>me</sup>. Azaïs, 24 vol.
in-18, avec deux gravures à chaque volume.      24 fr.
Un mois de séjour dans les Pyrénées, un vol. in-8°.    3 fr·
Explication et emploi du Magnétisme, par MM. Bapst et
Azaïs, un vol. in-8°.                    1 fr.
De la Sagesse en politique sociale, ou de la Mesure de liberté qu'il est convenable d'accorder, en ce moment, aux
principales nations de l'Europe, un vol. in-8°.    1 fr. 50 c.
Jugement philosophique sur J.-J. Rousseau et sur Voltaire,
un vol. in-8°.                      1 fr. 50 c.
De l'Amérique, ou Considérations générales sur le sort
actuel et le sort futur de ce grand continent, un volume
in-8°.                          1 fr. 50 c.
Du Système politique suivi par le ministère, ou Réponse à
l'ouvrage de M. de Châteaubriand sur le même sujet, un
vol. in-8°.                        1 fr. 50 c.
Réflexions sur la note secrète, un vol. in-8°.      1 fr.
Correspondance philosophique. ( Elle se compose de six Let-
tres à M. de Châteaubriand, d'une lettre à M. Benjamin
Constant, et d'une Lettre à M. de Feletz. )      8 fr.

*N. B.* Tous ces ouvrages se trouvent chez Béchet, libraire,
quai des Augustins, n°. 57.

*Sous presse, et devant paraître avant le 30 juillet :*

De Napoléon, ou Considérations philosophiques sur son caractère, son élévation, sa chute, et les résultats de son
gouvernement.

# DE LA SITUATION

## MORALE ET POLITIQUE

# DE LA FRANCE

### A LA FIN DE LA SESSION DE 1818.

### PAR H. AZAÏS.

## A PARIS,

CHEZ Béchet, Libraire, quai des Augustins, n° 57.

DE L'IMPRIMERIE DE DENUGON.

### JUIN 1819.

# PRÉFACE.

L'ouvrage que l'on va lire est écrit depuis la fin du mois d'avril; dès cette époque, l'impulsion la plus salutaire était donnée aux institutions et aux opinions par les mouvemens politiques du mois de décembre, par l'ordonnance du 5 mars, et par les discussions des Chambres représentatives.

Encouragé, entraîné même par la satisfaction profonde que me causaient la disposition des choses et l'état des esprits, je me hâtai d'exprimer mes sentimens, mes réflexions et mes espérances; je supposai, au gré de la vraisemblance la plus apparente, que toute la session ressemblerait à son début, et se distinguerait de celles qui l'ont précédée par les progrès très-avancés que ferait, sous son influence, l'harmonie politique.

Je suis loin aujourd'hui de rétracter une si heureuse pensée ; au contraire, de nombreux motifs la confirment : ce que j'écrivais, au mois d'avril, je l'écrirais encore ; pour cette raison, je le publie sans songer même à le modifier.

Mais, le 17 mai, une question incidente, et cependant du plus haut intérêt, a occasionné, dans la Chambre des députés, une discussion vive, courte, brusquement tranchée, qui a agité l'opinion d'un mouvement rapide. Je crois devoir dire, en peu de mots, ce que je pense, et du sujet, et du caractère de cette discussion.

LE calme et la sécurité sont, en ce moment, les premiers besoins de la France. La nature a doué ses habitans et son territoire de tant d'avantages, que pour qu'elle s'élève promptement à un dégré éclatant de prospérité, il lui suffit d'être au-dedans sans discorde, et au-dehors sans agression.

Ainsi, les premiers soins du Gouvernement doivent être d'apaiser ou étouffer les dissensions intestines, et de prévenir, chez les nations environnantes, tout prétexte d'animosité, tout sujet légitime d'inquiétude et de mécontentement.

L'exécution de la Charte, œuvre

de conciliation et de philosophie ; donne au Gouvernement les moyens d'apaiser les divisions intestines ; car la Charte commande le ménagement de tous les vœux et la satisfaction de tous les intérêts.

Mais la Charte elle-même, au moment où elle a été donnée, n'a pu être, jusqu'à un certain point, qu'une œuvre anticipée. Il en est toujours ainsi des monumens d'une profonde sagesse : impérieusement réclamés dans les temps de troubles, ne pouvant même être fondés que dans ces temps agités, ils n'appartiennent avec plénitude qu'à des temps qui n'existent pas encore ; ils ne seront applicables dans tous leurs détails, dans toute leur étendue, que lorsqu'ils auront amené les temps d'harmonie et

( 9 )

de concorde que d'abord ils doivent préparer.

Pour que la Charte pût remplir sa destination pacifique, pour qu'elle pût être un jour rigoureusement exé-cutée, il était donc nécessaire que d'abord son exécution ne fût point exacte et littérale; c'est ce que je crois avoir démontré dans l'un des écrits politiques que j'ai publiés (1). J'annonçais encore, d'après les gages que le Gouvernement donnait sans cesse de ses intentions et de son zèle, j'annonçais une gradation rapide dans l'établissement des formes libérales et constitutionnelles.

Tout homme d'un esprit impartial

_______________

(1) Correspondance philosophique. — Quatrième lettre.

a reconnu la rapidité de cette gradation; ajoutons que, depuis le mois
de décembre, nous nous sommes fortement rapprochés de son terme ab-
solu; mais ce terme si désirable, nous
ne le tenons pas encore; c'est ce qui est
également reconnu par tout homme
d'un esprit impartial.

Il n'y a plus de fermentation en
France, mais les moyens de fermentation ne sont point anéantis. Ces
moyens se réduisent généralement à
des vœux et à des craintes : De la part
d'un certain nombre d'hommes, à des
vœux en faveur de ce qui ne peut plus
être rétabli; de la part des hommes
d'une classe opposée, à des craintes
de voir ce rétablissement tenté ou
même effectué.

Et ces deux genres de dispositions

se croisent et se compliquent; c'est-à-
dire, que les hommes qui craignent
avec excès le retour des anciennes
formes, des anciens priviléges, opposent naturellement, à cette crainte
qui les poursuit, le vœu funeste de
voir brusquement, et à jamais, s'a-
néantir ce que les temps anciens ont
laissé d'héritage.

Réciproquement, les hommes qui
craignent avec excès le retour des
formes républicaines, sources immé-
diates de désolation, d'anarchie, de
brigandage, sont entraînés à demander, pour garantie contre cette crainte
exagérée, la répression, la punition
même des hommes qui ont pris une
part fatale au triomphe momentané
de ces grandes erreurs.

Or, toute défiance, même la plus

injuste, lorsque d'ailleurs elle est profonde, invétérée, lorsqu'elle est éprou-
vée à la fois par un grand nombre
d'hommes, exige, de la part des Chefs
de l'Etat, de grands ménagemens. En
attendant que le temps la dissipe, il
faut lui faire des concessions, des sa-
crifices même; si elle est attaquée de
front et avec violence, elle s'irrite,
s'augmente, s'exalte; elle porte des
masses nombreuses à toute l'impétuosité de l'exaspération.

Toute concession politique, tout
sacrifice fait nécessairement des victimes; que serait une concession qui
ne froisserait personne? que serait un
sacrifice dont personne n'aurait à souffrir?

Le Gouvernement est donc obligé
de faire souffrir quelques hommes

pour apaiser les inquiétudes d'un grand nombre d'autres, c'est-à-dire pour amener la tranquillité de l'Etat; car c'est là son devoir, et non directement de satisfaire les hommes trop inquiets : son affection ne doit pas s'adresser plus particulièrement à une classe d'individus qu'à une autre; mais la prudence doit porter ses réflexions et ses déterminations vers les meilleurs moyens de prévenir la fermentation sociale; il est indubitable que le sort de quelques hommes doit céder à de si grandes considérations.

Rappelons d'ailleurs que, par l'ordonnance du 5 septembre, par la loi des élections, par la loi de recrutement, par l'ordonnance du 5 mars, et généralement par tous les grands actes politiques, le Gouvernement a

donné des gages très-importans, très-
nécessaires, à cette Révolution, que le
Temps a entraînée, et qui doit s'ac-
complir. Mais le devoir du Gouvernement est aussi de donner des gages
contre la précipitation et les excès de
cette Révolution même; car, ce qu'il
doit persuader à la France, à l'Europe,
à tous les peuples de la terre, c'est
qu'il veut la Révolution sans précipitation et sans excès.

Mais ici il y a une différence impor-
tante. La Révolution étant, par elle-
même un mouvement général, un
changement général, les gages qu'elle
exigeait étaient, non des hommes,
mais des choses, des lois, des institutions.

Tandis que les excès de la Révolution lui étant étrangers ne pouvaient

être représentés par des institutions; des lois ou des choses, mais seulement par les hommes que les adversaires de la Révolution unissaient à l'idée même de ces excès, et que, pour cette raison, ils croyaient devoir redouter. C'était donc sur des hommes que les gages de ce genre devaient tomber.

Et il est important de reconnaître que la Révolution Française a agité tous les peuples de l'Europe; que, par ses premiers mouvemens, elle a ébranlé tous les trônes; que, par conséquent, tous les peuples de l'Europe ne pourront être pleinement rendus à l'harmonie sociale, et tous les trônes ne pourront être entièrement raffermis que par l'issue pacifique de cette Révolution même; c'est-à-dire par la sagesse avec laquelle elle sera conduite vers son terme et sa consommation.

C'est donc à tous les peuples et à tous les Souverains que le Gouvernement Français devait donner des gages de la ferme résolution qu'il a prise d'écarter désormais du cours de la Révolution les mouvemens funestes et les excès déplorables.

Or, si ces mouvemens et ces excès sont personnifiés aux yeux des Peuples et des Souverains de l'Europe; si, par l'effet de préventions, soit injustes, soit fondées, certains hommes sont considérés comme fauteurs secrets de dispositions hostiles et de systèmes désorganisateurs, que doit faire le Gouvernement du Roi de France, si ce n'est de montrer authentiquement que ces hommes ne peuvent point encore être admis au partage des

droits et des avantages des Citoyens
Français ?

Je me hâte de dire que je ne fais
ici que me livrer à des conjectures
naturellement dérivées des observa-
tions générales. Je n'ai point l'honneur
d'être admis à la connaissance directe
des secrets politiques; je ne reçois
jamais d'autres communications que
celles des événemens publics, et d'autre mission que celle de mes propres
pensées; mais je sais, avec toute la
France, avec toute l'Europe, que le
Ministre, principal dépositaire, depuis quatre ans, de la confiance du
Roi, a, pour inclination personnelle,
la générosité, et, pour principes politiques, la conciliation et l'indulgence, je sais qu'il a spécialement

donné ses soins à l'adoucissement de toutes le mesures de réprobation, et que sans doute bien des préventions ont déjà cédé à sa noble influence, puisque plusieurs exilés ont déjà été rendus à leur patrie. Je sais encore que l'unité d'opinions et d'intentions ne peut que régner dans un Ministère composé, il y a six mois, sous l'impulsion de circonstances qui faisaient au Gouvernement un devoir pressant de l'accord et de l'unité.

De telles considérations me donnent le droit de penser que si le voile pacificateur de la Clémence Royale n'a pas encore été étendu sur tous les hommes, sur toutes les fautes, c'est parce que les Ministres n'ont pu dissiper encore toutes les inquiétudes ; que peut-être même, pour inspirer

aux Souverains de l'Europe une confiance parfaite, une confiance bien
nécessaire, ils se sont vus dans l'obligation de partager leurs alarmes, ou
du moins d'agir comme s'ils les par-
tageaient.

Et en effet, quel moment malheureux que celui où un concert de récla-
mations s'est élevé en faveur de nos
victimes politiques ! un si horrible for-
fait politique venait d'être commis !
Le meurtre de Kotzebüe est d'un si
atroce délire ! et jamais un fanatique
ne s'élève seul dans son pays et dans
son siècle. L'anarchie européenne com-
mençait, et tous les Rois étaient me-
nacés du poignard, lorsque le misé-
rable Ankarstroom donnait la mort à
Gustave ; et, deux siècles auparavant, la discorde religieuse rallumait

ses flambeaux, lorsque le magnanime Henri était assassiné par l'affreux Ravaillac.

C'est absolument sur la même ligne que le jeune Sand doit être placé; c'est également un monstre de folie. Au récit de son crime, de ses circonstances et de ses motifs, tout homme sage a frémi; car le fanatisme d'une liberté insensée pouvait provoquer à l'instant le fanatisme d'une servitude intolérable;. toute l'Europe pouvait être embrasée!...

Je ne sais si, en Allemagne, le danger est entièrement évanoui; mais je conçois que, pour le dissiper avec moins de résistance, les Souverains aient pu désirer que le Gouvernement Français fît solennellement une déclaration énergique de son horreur pour tous les forfaits révolutionnaires, afin que ce Gouvernement, si justement réputé libéral, constitutionnel, ami de la raison, des vraies lumières, de la Philosophie, donnât à tous les peuples une idée juste du terme social et monarchique auquel la Révolution devait aboutir.

Et cette déclaration ne devait pas être discutée; car tous les motifs ne pouvaient en être dévoilés; et comme la discussion n'aurait pu manquer d'être très-vive, on aurait nécessairement dépassé, de part et d'autre, toute mesure de réserve et de prudence. Que de malheurs pouvaient naître de cette séance critique! tant d'inquiétude la précédait! tant de rumeurs l'ont suivie!....

Elles me semblent calmées. Quelques infortunés languiront encore. J'ai connu la proscription ; tant de Français l'ont connue ! J'ai commis des erreurs ; tant de Français furent égarés !... et nous sommes libres et en paix dans notre belle patrie ! et il ne tient qu'à nous de nous y faire honorer ! et toutes nos anciennes fautes peuvent être effacées par notre fidélité désormais inviolable, par notre zèle que l'expérience a éclairé, par nos services réellement patriotiques, puisqu'ils auront pour objet l'affermissement du Trône et l'établissement de la liberté.

Ah ! présentons notre exemple à ceux que le malheur opprime ! qu'ils y puisent de salutaires intentions, et les consolations de l'espérance !

# DE LA SITUATION



## MORALE ET POLITIQUE

## DE LA FRANCE

### A LA FIN DE LA SESSION DE 1818.

~~~~~~~~~~~~~~~~

Lᴀ session de 1818 sera mémorable, non-seulement dans l'histoire de France, mais dans l'histoire de l'espèce humaine : elle a fixé, d'une manière définitive, la direction des grands mouvemens dont l'Europe est agitée depuis plusieurs siècles; elle a sin-gulièrement avancé le terme de ces mouvemens.

L'année dernière encore, et même jusques aux premiers jours de l'année actuelle, la Révolution semblait hésiter dans sa marche, et se défier de ses succès. Cette dé-
~~~~~~~~~~~~~~~~

fiance, cette hésitation n'étaient cependant qu'une apparence; car les succès d'une chose nécessaire sont eux-mêmes d'une nécessité impérieuse; la Révolution Française, effet général du progrès de tous les temps, et de la civilisation de tous les peuples, ne pouvait pas plus être arrêtée que l'astre qui nous éclaire ne peut être empêché de suivre son cours.

Mais, au-devant de l'Astre qui nous éclaire, les voies sont libres et spacieuses; nul obstacle ne gêne l'exécution des lois qui lui sont imposées; il est seul à la place qu'il occupe; et, de même, chacun des vastes corps qui l'environnent est comme isolé au sein de l'espace; ce qui donne pour caractère, aux mouvemens célestes, la simplicité, la précision et l'uniformité.

Le système social de chaque peuple est, au contraire, d'une complication extrême; il se compose d'une immense quantité d'actions plus ou moins concordantes, et de résistances plus ou moins unies; c'est ce qui fait que son cours n'est pas d'une régularité soutenue, et que le temps de ses diverses périodes ne peut être assigné; mais, par son ensemble, il a une marche générale, positive, nécessaire; elle enveloppe tous les événemens; elle entraîne tous les hommes; il faut s'y soumettre, soit en aveugle comme le vulgaire, soit avec dépit comme l'homme abusé ou orgueilleux, soit avec discernement comme le Philosophe; dans ce dernier cas, ce n'est pas toujours sans regrets et sans tristesse, mais c'est du moins sans humeur, sans amertume, sans secousses; ce qui fait que rien n'est plus désirable que de voir de vrais Philosophes à la tête des familles, à la tête des institutions, à la tête des États.

Par homme d'État réellement Philosophe, il faut entendre celui qui voit ce qui est, veut ce qui doit être, ne s'irrite point contre les résistances, les excuse même, mais, quand le tems est venu de les vaincre, ne leur cède pas.

La France, en ce moment, a l'avantage d'être gouvernée par des hommes qu'une telle Philosophie éclaire ; tel est le fruit qu'elle a retiré de son agitation et de ses malheurs.

Et tel est généralement le fruit des grandes Révolutions ; par cela même qu'elles renouvellent l'ensemble de la société, elles fournissent à toutes les forces l'occasion de s'employer, à tous les talens le besoin de paraître, à tous les pouvoirs nécessaires les moyens de s'établir.

Le Peuple Français est devenu très-éclairé ; le premier pouvoir, en France, est aujourd'hui celui des lumières.

Deux hautes facultés sont données à l'homme par des lumières très-étendues ; c'est le calme et la prévoyance. Lorsque les Révolutions, qui, d'abord, contraignent ceux qui s'en emparent à être, par-dessus tout, courageux, fermes et habiles, ont amené le temps où les Chefs de l'État peuvent, de plus, se montrer calmes et prévoyans, on peut assurer qu'elles touchent à leur terme ; car elles vont atteindre paisiblement et décidément leur objet.

Napoléon fut un homme plein d'habileté, de fermeté et de courage; il convenait merveilleusement à l'époque où il saisit la puissance; car l'anarchie nous dévorait. Mais son extrême énergie ne le rendait propre qu'à enchaîner la discorde, et non à fonder une construction sage; il manquait de calme et de haute prévoyance; sa destinée, et elle sera belle dans l'histoire, fut de préparer le règne de la modération et de la sagesse, de le rendre possible, en même temps qu'il le faisait désirer. Oublions ses fautes; nous jouissons de ses bienfaits.

Oublions ses fautes! Non; car elles expliquent tous les malheurs qui ont accompagné sa chute, toutes les agitations qui l'ont suivie; mais pardonnons à sa mémoire, puisque, d'une part, il retira la France d'un abîme effroyable, puisque, d'un autre côté, les maux qu'il nous a faits ont perdu leur violence, et que l'agitation qu'il nous a laissée est près de finir.

Ce qui le prouve, c'est que nous sommes très-près de nous entendre; et ce qui prouve

que nous sommes très-près de nous entendre, c'est que les factions sont abattues,
ou plutôt dispersées, épuisées, car elles ne
sont point comprimées par une force impérieuse, et cependant on ne les aperçoit
plus; l'opposition des libéraux vrais, cons-
titutionnels, sans intentions hostiles, sans
arrière-pensées, et c'est le plus grand nombre, n'est rien moins que factieuse, car elle
est exempte d'animosité; ce n'est plus que
l'impatience d'obtenir tous les résultats
de la révolution, résultats aujourd'hui peu
éloignés, que la nécessité amène, qui ne
doivent pas être précipités par cela même
qu'ils sont inévitables, vers lesquels le Gouvernement se dirige avec loyauté, avec franchise, mais avec prudence et ménagement.

Quant à l'opposition contre-révolutionnaire, elle ne saurait plus être factieuse,
parce qu'elle ne saurait plus trouver des
soutiens nombreux et ardens. Si quelque
illustre mécontent parle encore avec amertume, c'est sa passion qu'il soulage, ou ses
propres erreurs qu'il exprime; mais il n'est

point l'organe avoué d'un véritable parti. La résistance n'est plus qu'individuelle; elle ne se forme plus que de quelques ambitions déçues, faisant de vains efforts pour annexer à leur cause des regrets qui s'effacent, des opinions qui tombent, des prétentions qui meurent faute d'espoir.

Par quelles voies, par quels hommes avons-nous été conduits à une situation si désirable? Ici, écoutons la justice, l'impartiale justice; et si, à la faveur de l'examen qu'elle va diriger, elle nous invite à concevoir une profonde reconnaissance pour des hommes revêtus, aujourd'hui, d'une grande autorité, que cette considération n'arrête pas notre franchise. Dans les républiques, l'ingratitude politique peut être une précaution. Dans les Monarchies, elle est un tort et un danger.

En 1815, la Contre-Révolution régnait; c'était son droit, faible et passager sans doute; mais c'est ce qu'elle ignorait elle-même. Tout vainqueur s'abuse sur l'importance et la durée de ses triomphes. S'il ne s'abusait pas, il conserverait ses avantages, car il ne les dépasserait pas.

Il est certain que si la Contre-Révolution, en 1815, avait pu ne vouloir que la modération et la justice, elle aurait anéanti ce que l'on nomme l'esprit Révolutionnaire, et cela parce qu'elle aurait elle-même affermi et légitimé les changemens dont le temps a amené la nécessité. Elle aurait fini la Révolution, parce qu'elle l'aurait satisfaite. Mais alors elle n'aurait pas été la Contre-Révolution.

Depuis la chute de Napoléon, la Contre-Révolution était redevenue, en France, ce qu'elle était avant l'élévation de cet homme formidable. Ainsi que la Révolution elle-même, la Contre-Révolution était redevenue un parti. Or, un homme d'un grand caractère qui, après de longues souffrances et d'immenses difficultés, a remporté une victoire, peut être généreux et sage; un parti n'en a pas même la possibilité. Un homme d'un grand caractère, qui a éprouvé

des malheurs terribles et reçu des offenses
cruelles, peut abandonner tout soin de punition, tout plaisir de vengeance; il peut
mettre son honneur à pardonner, son devoir à raisonner avec justesse, à faire la part
de la nécessité, des passions, des circonstances. Il est soutenu dans cette conduite
magnanime par l'attention qu'il excite, par
l'admiration qu'il inspire; mais toutes les
vertus des hommes associés aux intérêts
d'un parti sont ignorées ou méconnues;
celui qui voudrait modérer le mouvement
commun serait blâmé, rejeté, accusé même
de trahison, de perfidie. Une seule émulation est essentielle à l'esprit de parti, c'est
l'émulation d'excès et de violence.

La Contre-Révolution, en 1815, se plaça
donc, et avec une rapidité effrayante, sur
toutes les voies de l'exagération et de la tyrannie; sans le prévoir, elle se prépara
l'obligation affreuse de donner graduellement naissance à des situations épouvan-
tables, qui appelleraient successivement au
pouvoir des hommes atroces..... 93 allait

revenir ; et comment l'empêcher ? arrêter, de force la Contre-Révolution ? Toutes les Puissances de la Terre y auraient échoué ; et, en ce moment d'ailleurs, ce ne pouvait être l'inclination des Puissances de la Terre. Un seul moyen restait aux hommes coura-geux et habiles ; c'était de s'emparer de la Contre-Révolution, et pour cela, d'abord, de marcher avec elle.

Il faut un dévoûment bien magnanime, soutenu par une prévoyance bien étendue, et une prudence bien profonde, pour entrer ainsi au sein d'un torrent dévastateur, se placer même à sa tête, mais avec l'intention, lorsqu'il en sera temps, de détourner son cours, et de briser sa furie.

Quiconque a suivi, depuis 1815, le dé-veloppement et le terme de toutes nos crises politiques, est forcé de reconnaître que ce dévoûment, cette prévoyance, cette pru-dence, cette intention, on doit les attribuer à l'homme d'État, jeune encore, que le Roi honora de sa confiance intime, et qui l'a si bien conservée, si bien justifiée.

Parmi les collègues de M. Decazes, en 1815, plusieurs, tels que M. de Vaublanc et M. le Duc de Feltre, appartenaient à la Contre-Révolution, soit qu'elle entraînât leur opinion, soit qu'elle dominât leur caractère.

Quelques autres, tels que M. Lainé et M. le Duc de Richelieu, avaient un éloignement égal pour les excès de la Révolution, et pour les prétentions et les vœux des Contre-Révolutionnaires. Ces deux Ministres, pleins de probité, d'honneur, et d'une véritable affection pour le Roi et pour la France, étaient parfaitement à leur place en ce moment de crise et de transition; ils donnaient l'ascendant de leurs vertus à toutes les mesures de conciliation et de sagesse; et, lorsque toute conciliation devenait impossible, lorsque l'impétuosité de l'exigence contre-révolutionnaire amenait la nécessité d'actes énergiques, ces deux Ministres servaient à entourer ces actes de préventions favorables, ou du moins à affaiblir l'irritation d'un grand nombre de leurs victimes. Parmi celles-ci, les plus exaspérées seulement se refusaient à penser que des coups d'État provoqués, soutenus, exécutés par M. Lainé et M. le Duc de Richelieu, devaient avoir une raison pressante. L'influence des hommes élevés à la fois par leur rang et leurs qualités personnelles, sera toujours pour une part considérable dans les mouvemens de l'opinion.

Il est donc un hommage que, dès aujourd'hui, l'équité réclame, et que la postérité confirmera. Pendant les trois années 1815, 1816, 1817, M. Lainé et M. le Duc de Richelieu ont rendu les plus importans services à la cause de la raison, de la liberté, de la Monarchie; ils ont pris, avec zèle et loyauté, une part singulièrement efficace à la Révolution du 5 septembre, à la loi des élections, à la loi de recrutement, en un mot, à tous les actes profondément salutaires; et comme, par leurs principes, par leurs relations, par leur conduite antérieure, ils avaient de nombreux points de contact avec la classe des hommes que la Révolution froissait, ceux-ci, pour la plupart, ne se laissaient point aller à des regrets immodérés, parce que, sccrètement, ils ne renonçaient pas à toute espérance. Je ne crains pas de dire que je considère cette disposition comme ayant eu de grands avantages. Dans les temps de crise et de transition, où tous les partis sont formidables, où il faut surtout dénouer, en évitant de rompre, où il est si important de ne pas provoquer l'union des hommes qui souffrent, de ne pas les exciter à prendre l'arme terrible du désespoir, c'est une adresse généreuse, c'est une politique habile, de laisser, dans le lointain, une voie ouverte à la possibilité de quelques mouvemens inverses; beaucoup de mécontens restent immobiles, en attendant ces mouvemens; et cependant le temps marche, et il calme les passions, et il dissipe les anciennes illusions, et il affermit ses constructions nouvelles, et il ruine lui-même ses anciens ouvrages.

Tel est donc encore l'un des principes de la reconnaissance que nous devons à M. Lainé et à M. le Duc de Richelieu; ils ont, pour ainsi dire, usé la Contre-Révolution beaucoup plus qu'ils ne l'ont combattue; or, sous peine d'exposer la France à d'affreux déchiremens, la Contre-Révolution, en 1815, devait être ménagée et non choquée; sa force, quoique factice et passagère, n'en était pas moins immense; c'était comme nous l'avons dit, par transition adroite, et non par opposition directe, que les Ministres devaient procéder.

Mais toute transition qui se prolonge en perd le caractère. Les hommes et les choses ne sont jamais susceptibles que d'un certain degré d'attente et de constance; en Politique, qui n'est qu'une action comme toutes celles de la nature, il n'est point d'état fixément stationnaire; il faut avancer ou périr.

Ce qui distingue les véritables hommes d'État, c'est que cette Loi universelle est leur Principe; seulement, ils se défendent, tant qu'ils peuvent, d'en précipiter l'exécution. Etre prudent et conséquent, telle est, en politique, toute la sagesse.

M. Lainé paraît avoir été doué d'une âme trop ardente, trop sensible, pour que, dans ses dispositions politiques, il ait pu toujours être constant et conséquent. Il semble que n'ayant pas suffisamment prévu tous les effets des lois et des mouvemens auxquels il avait cru devoir concourir, il a été surpris et affecté de quelques-uns de ces effets; oubliant alors les circonstances pressantes, et les raisons impérieuses qui, précédemment, l'avaient déterminé, il n'a plus éprouvé que du regret, peut-être du repentir. Il a mis dignement sa vertu et sa franchise à réparer ce qu'il a considéré comme des fautes; et c'est alors que ses fautes politiques ont commencé. Dans les hommes chargés du Gouvernement des États, les belles qualités de l'âme ne suppléent pas à la fermeté des vues et à la rectitude du jugement.

Il paraît que M. le Duc de Richelieu s'était également placé sur une ligne rétrograde; et comme le changement de ses dispositions s'est principalement manifesté à son retour d'Aix-la-Chapelle, et encore plus, pendant le séjour, à Paris, des Plénipotentiaires Anglais, on a été conduit à croire que ce changement avait des raisons puissantes, et de nature à rester inconnues.

Réservons à l'histoire le soin de les divulguer un jour. Ne parlons que de la situation difficile où nous avons été jetés par l'erreur de ces deux hommes, d'ailleurs si honorables.

Depuis assez long-temps, la résistance de M. Lainé à la marche essentielle de la Révolution était devenue apparente; elle avait dépassé la mesure de condescendance qui était due aux soutiens naturels de la Contre-Révolution; elle avait ranimé le parti contre-révolutionnaire; elle avait contribué à donner aux organes téméraires de ce parti un ton extraordinaire d'insulte et de jactance; par une réaction inévitable, la Révolution s'apprêtait à reprendre son irritation et sa violence; quelques-uns de ses organes ne se modéraient plus. La lutte

s'engageait avec une animosité qui présa-
geait des catastrophes; comme les partis
enflammés ne connaissent plus de barrières, comme il n'est plus de barrières qu'ils
ne soient impatiens de franchir, la Contre-
Révolution se disposait de nouveau à tout
redemander, la Révolution à tout envahir.

C'était sur le terrain de la Loi des élections que semblait devoir se livrer le premier combat; si le Gouvernement fût resté
indécis, il allait commencer; de part et
d'autre l'acharnement serait devenu épou-
vantable; mais les forces étant singulièrement inégales, le triomphe de la Révolution n'aurait pu être ni douteux, ni retardé;
malheureusement, il n'aurait pu être non
plus, ni généreux, ni paisible. Pour cette
fois, la Révolution aurait tout écrasé.

Et si le Gouvernement s'était hautement
déclaré en faveur de la Contre-Révolution,
les succès des Révolutionnaires seraient
devenus encore plus impétueux, parce
qu'ils seraient devenus plus difficiles; la
France entière, convertie en un champ de

désolation et de carnage, aurait appelé une troisième et dernière invasion.

Il ne restait donc au Gouvernement qu'une marche à tenir, c'était de se faire lui-même chef du mouvement et promoteur de la victoire; à cette condition seulement, il pouvait sauver la France, en protégeant le vaincu, et désarmant le vainqueur.

Cette grande impulsion fut donnée; le Ministère fut recomposé; les deux hommes d'État qui avaient eu pour principe qu'un Gouvernement doit être calme et conciliateur, mais surtout conséquent et ferme, M. Décazes et le Maréchal Gouvion-Saint-Cyr furent conservés par le Roi, qui leur donna pour collègues des hommes animés des mêmes sentimens, professant les mêmes pensées.

C'est alors que les Français éclairés et sages éprouvèrent une joie profonde; la Révolution est finie, s'écrièrent-ils, puisqu'elle est satisfaite; et elle est satisfaite, puisque non-seulement l'unité règne dans

le Ministère; mais puisqu'une parfaite harmonie d'intentions et de principes est enfin
établie entre l'opinion nationale et le Gouvernement.

C'est sous de tels auspices que commença
l'année 1819, et que les Chambres représentatives entrèrent décidément en exercice; jusque là rien n'allait; l'anarchie seule
s'avançait.

La Contre-Revolution fut abattue; mais
les principaux mécontens ne renoncèrent
point encore à tout espoir de désordre; la
recomposition du Ministère n'était pas par
elle-même une institution; et c'est par les
institutions que les Gouvernemens règnent;
c'est aussi en établissant leurs batteries au
sein des institutions que les agitateurs trou-
blent et compromettent les Gouvernemens.

On essaya de rendre la majorité des deux
Chambres ennemie du Roi et du Ministère;
pour cela, on représenta le Roi et ses Ministres comme entraînés vers un abîme par
l'esprit révolutionnaire, dont on affecta de

dire qu'ils s'étaient déclarés les protecteurs. On trouva surtout dans la Chambre des Pairs des âmes timides ou versatiles, qui, à la vue de certains progrès, furent réellement saisies d'épouvante, ou bien passèrent naturellement à de nouvelles dispositions, à de nouvelles idées, parce que les hommes qui manquent d'étendue dans l'esprit et de force dans le caractère, sont alternativement tributaires de tous les mouvemens et de toutes les opinions.

On réussit ainsi à placer la majorité de la Chambre des Pairs dans une situation hostile; on la décida à entraver le Gouvernement dans toutes ses opérations, et la Chambre des Députés même dans toutes ses résolutions, afin de mettre l'État dans l'impossibilité de marcher, et le Roi dans la nécessité de choisir un autre Ministère.

Et comme si ce plan de résistance n'avait pas encore paru suffisant, et surtout d'une exécution assez rapide, on jeta brusquement une pomme de discorde, on entraîna un Pair de France, singulièrement recommandable par l'emploi de toute sa vie, à demander d'un ton vague, mystérieux, la révocation graduelle de la loi des élections.

La France s'émut; tous les esprits rentrèrent en fermentation et en discorde; il parut évident aux hommes les moins éclairés que la Chambre héréditaire, partie intégrante de la Royauté, devait, au plutôt, être mise en harmonie avec le Roi, par conséquent avec l'opinion prépondérante, et que le coup d'État qui avait produit un ministère national et homogène, devait trouver son complément dans une opération qui donnerait à la Chambre héréditaire une majorité conforme à l'opinion prépondérante et à l'intérêt national.

L'ordonnance du 5 mars fut ce complément nécessaire. Dès-lors l'établissement du Pouvoir suprême fut une œuvre consommée; toute Révolution nouvelle, toute secousse violente et dangereuse furent rendues impossibles; il ne resta plus que les détails de l'édifice social à placer ou à cons-

truire, et les résultats du mouvement général à régler, à ordonner.

Telle est, à mes yeux, la situation heureuse dans laquelle la fermeté du Roi a
enfin placé la France. Depuis l'ordonnance
du 5 mars, tous les grands efforts politiques
me semblent terminés; les bases de l'autorité et de l'ordre sont fondées; la stabilité
est entrée dans le Gouvernement et la Constitution. Or, le premier but du Pouvoir est
la stabilité, parce que le premier vœu du
peuple est la sécurité.

Que l'on jette maintenant un regard sur
les lois rendues depuis l'ordonnance du
5 mars, et sur les discussions qui ont pré-
paré ces lois, on ne pourra, ce me semble,
s'empêcher de reconnaître qu'elles portent
toutes ce beau caractère d'un développement calme, qui règle et ordonne. Si l'on
excepte les séances consacrées à la discussion du budjet, discussion qui, toujours,
sera d'une vivacité salutaire, il n'y a eu,
dans l'exercice du pouvoir législatif, ni créa-

tion, ni agitation; tandis que, sur les choses importantes, sur la liberté de la presse, par exemple, les orateurs du Gouvernement, et je comprends sous ce titre les Ministres et les Commissaires du Roi, ont montré une loyauté, une franchise, une abondance de lumières, une force de raisonnement qui ont donné un ascendant extraordinaire à leur éloquence; les Députés desquels on aurait pu attendre l'opposition de l'indépendance se sont distingués par leur déférence, leur modération, leur sagesse, et cela sans déroger à leur zèle, à leurs principes et à leurs talens. Quant aux Députés qui promettaient l'opposition du mécontentement, ils ont gardé le silence.

Le même spectacle va être, maintenant, présenté par la Nation Française. Le Gouvernement sera fort, confiant et sincère; les nationaux seront paisibles et satisfaits; les mécontens estimables seront résignés et silencieux.

Par mécontens estimables il faut entendre, non ces déclamateurs funestes qui feignent l'exaltation et cherchent des Seïdes, mais les hommes qui, nés dans un autre siècle, ou élevés sous l'empire d'autres idées, gémissent, de bonne foi, des changemens que la Révolution a amenés. Ils ont droit aux plus grands égards; l'homme qui souffre dans ses opinions, ses affections, ses habitudes, est si malheureux! Mais quelles consolations peut-on lui offrir? il craint la raison, il fuit la discussion, parce qu'il sent, d'une manière confuse, inquiète, que ce n'est point la vérité qu'il possède; il aime ses pensées, fussent-elles des erreurs.

Cependant l'erreur, quelquefois si douce, si bonne, si salutaire, n'est revêtue de ces avantages que lorsqu'elle est en harmonie avec l'état général des mœurs et des esprits. Si, par exemple, il avait existé des sociétés humaines, pénétrées, à l'âge de leur enfance, de principes graves, austères, invitant à l'humilité, à l'obéissance passive, à l'excès de simplicité, à la fuite de tous les plaisirs, à la souffrance même, de telles

sociétés seraient demeurées concordantes
avec elles-mêmes, pendant toute la durée
de leur âge de faiblesse, d'ignorance et de
pauvreté.

Mais si, malgré l'invitation pressante,
impérieuse de leurs Principes, elles s'étaient
fortement avancées en développement et en
civilisation; si, à l'aide d'immenses progrès
dans tous les genres, elles avaient éprouvé
un changement extraordinaire; si des lumières vives et abondantes, si toutes les
douceurs du bien-être, si tous les charmes
de la vie étaient comme des fruits univer-
sellement répandus, en sorte que chaque
homme, beaucoup plus éclairé, et en même
temps beaucoup mieux vêtu, beaucoup
mieux logé, entretenu par des soins beaucoup plus salutaires, nourri de choses beaucoup plus saines, plus variées, eût porté en
lui-même la sensation de la vie, l'ardeur
de la jouissance, le besoin d'instruction,
de mouvement, de liberté, de plaisir, à un
degré beaucoup plus vif, beaucoup plus
animé, est-ce encore un régime de recueil-

lement, d'austérité, d'abaissement d'esprit, de patience et de servitude, qu'il faudrait imposer? Ne serait-ce pas essayer, entre d'extrêmes disparates, une association impossible que de vouloir ramener toute une génération à toutes les vertus de la concentration, de l'obscurité, de la solitude, pendant que la civilisation l'aurait conduite à toute l'exigence d'une prodigieuse activité?

C'est ainsi cependant que quelques hommes d'un vrai mérite, mais d'un esprit prévenu, voudraient constituer la génération actuelle. Et ce n'est point aux Écrivains qui font le plus de bruit que je m'adresse. De tels Écrivains sont loin d'appartenir, par leurs mœurs et leurs idées, aux siècles qu'ils préconisent; personne ne sait et ne sent mieux qu'eux-mêmes combien ils sont inconséquens.

Je parle à des hommes tellement persuadés de ce qu'ils disent, qu'ils le mettent constamment en pratique, à des hommes, tels que M. de Bonald, M. de La Mennais,

M. de Marcellus, que l'on peut considérer comme de belles et précieuses médailles des anciennes mœurs et des anciens temps. De tels hommes sont profondément recommandables sous tous les rapports civils et domestiques; mais, sous les rapports politiques, ce sont leurs vertus mêmes qui les trompent, qui les égarent; ils s'opposent, avec une irritation sincère, à la Loi de tous les peuples, de tous les temps, de la Nature entière, à la Loi qui, dans tous les Êtres, fonde la vie sur la succession et le changement. Ils pensent, et avec raison, que la Morale est nécessaire à l'existence des sociétés humaines; mais ils attachent exclusivement la Morale à certains dogmes, à certaines idées; ces dogmes, au contraire, ces idées ne sont jamais que les accessoires de la morale, accessoires qui commencent par la servir, qui finissent par la compromettre, qui cependant ne sauraient parvenir à l'éteindre, parce qu'elle même s'en délivre, lorsque, par le progrès des temps, ils ont cessé d'être utiles et convenables.

4

La Morale est partout dans le cœur de l'homme; elle est, dans tous les siècles, chez tous les peuples, un emploi direct et nécessaire de la sensibilité et de l'intelligence; elle fait partie essentielle et principale de l'homme civilisé, comme l'instinct fait partie essentielle et principale de l'homme sauvage. La Morale, comme l'instinct, est le résultat d'un besoin, mais d'un ordre beaucoup plus élevé; à titre de besoin, elle est, comme l'instinct, source de plaisirs, de jouissances, mais généreuses, magnanimes; elle seule peut donner à l'homme, non-seulement la vertu, mais le bonheur.

Ces hautes considérations étaient présentes à l'esprit de MM. de Serre, Royer-Collard, Cuvier, à la séance mémorable où la morale religieuse, judicieusement confondue avec la morale publique, a été définie d'une manière si noble, si vraie, a été fixée dans ses bases éternelles, et ses effets de tous les temps. On peut assurer qu'un Peuple, dont le Gouvernement et les Orateurs s'expriment avec tant de profondeur et de sagesse, honore la morale, en fait la base de son existence politique; mais, au lieu d'accessoires dogmatiques, il ne l'environne plus que de liberté et de raison.

Dans l'homme éclairé, la morale a pour fruit et pour indice la modération des désirs. Il en est de même de la morale des peuples éclairés. Les désirs politiques du Peuple Français ont, aujourd'hui, la modération pour caractère. Quelle distance de ses dispositions actuelles à celles dont il se montra si agité il y a trente ans ! A cette époque, les accessoires de la morale étaient devenus étrangers à la morale même, ce qui les rendait abusifs, par conséquent funestes. C'est ainsi que s'établissait une opposition malheureuse entre la nature de l'homme et les institutions qui le gouvernaient. Cette opposition fit la Révolution et en causa la violence; le Peuple Français, impatient et irrité, bouleversa avec fureur tout l'ordre social; marchant de toute son impétuosité vers l'esprit démocratique, il traversa le but et passa à la Démagogie; c'est par la Démagogie que la Royauté fut privée de l'appui d'une Chambre héréditaire, que toute la représentation nationale fut confondue dans une seule assemblée, que le droit de résistance de la part du Roi fut réduit à un *veto suspensif*, c'est-à-dire à la nullité. C'est par la Démagogie que le titre d'Électeur, d'abord fixé, et avec beaucoup de peine, à la contribution du marc d'argent, devint ensuite la propriété scandaleuse de tous les Prolétaires; ce qui amena la Convention, le meurtre du Roi, le débordement de tous les maux et de tous les crimes.

Aujourd'hui, voici les formes sociales que le Peuple Français a reçues avec approbation et reconnaissance. Le Corps représentatif est partagé en deux Chambres, ayant chacune la faculté d'opposition aux résolutions de l'autre; l'une héréditaire et uniquement justiciable d'elle-même; l'autre élective, mais au choix de citoyens dont les contributions s'élèvent à une somme six fois plus grande que le marc d'argent. Aujourd'hui, le Roi, bien loin d'être réduit à une faculté illusoire de résistance, possède l'initiative des lois, rejette indéfiniment tout ce qu'il juge contraire à son autorité ou à ses vues, et enfin, dissout la Chambre élective, lorsqu'elle entrave la marche de son Gouvernement.

Et je crois devoir le dire encore : le Peuple Français donne son suffrage à toutes ces institutions puissantes; il le donne avec discernement, affection et franchise; il est convaincu de leur utilité; il les respecte comme tutélaires de ses propres droits, de sa propre liberté; il est prêt à les défendre contre toute faction qui voudrait y porter atteinte.

Le Peuple Français est donc aujourd'hui à une distance extrême de l'esprit démagogique. C'est l'esprit d'ordre et de modération qui règne en France d'une manière prépondérante; on peut donc attester que la Nation Française est, incomparablement plus qu'en 1789, sous la répression et la direction de la morale publique.

Un Peuple qui revient de si loin, et qui s'arrête à un terme si sage, mérite honneur et confiance; et l'on reconnaît avec une profonde satisfaction que les dispositions actuelles du Gouvernement sont de se confier au Peuple Français, de l'honorer par une déférence pleine de dignité; réciproquement le Gouvernement a le droit de compter sur le respect et l'abandon du Peuple Français; abandon qui ne sera point de l'insouciance; respect qui ne sera point flétri par de la faiblesse et de l'humiliation. Tous les droits vont se prêter mutuellement hommage et garantie; la majesté du Trône se réfléchira sur le Peuple, et la liberté du Peuple sera comme l'auréole de la Royauté.

Voilà où tendaient les vœux de la Philosophie. Celle-ci, en brisant tous les titres exagérés ou usurpés, a affermi tous les titres vrais et légitimes. L'autorité reposait

autrefois sur des distances ou des prestiges; ce qui, sans doute, pouvait quelque
temps la soutenir, mais ce qui ne pouvait
la rendre éternelle; car l'isolement, lors
même qu'il rend inaccessible aux atteintes
extérieures, ne défend pas contre les principes de destruction et de chute que chaque
chose porte en elle-même : l'isolement peut
servir de barrière; mais une barrière n'est
pas un appui.

La Philosophie, en rapprochant les distances, en dissipant les prestiges, a rem-
placé cet isolement de l'autorité par une
succession continue de liens et de rapports;
elle a fait que chaque fonction, chaque institution, s'est trouvée exposée à être regar-
dée et connue; elle a imposé à tous les
hommes élevés l'obligation de rendre eux-
mêmes leur élévation utile aux hommes
des rangs inférieurs; et elle a ennobli,
calmé, satisfait les hommes des rangs inférieurs, en les rendant juges de cette utilité.

On a comparé le Gouvernement Monar-

chique au Gouvernement de familles la
comparaison est vraie sous les traits principaux; mais le Gouvernement de famille
a éprouvé lui-même un changement bien
remarquable.

Il y a un demi-siècle, l'enfance, la jeu-
nesse même, recevaient, pour injonction et
habitude, de craindre, se taire et obéir;
les parens, graves et sévères, imprimaient
un respect qui, souvent, avait un caractère auguste, et par conséquent pouvait
être fréquemment la source d'importans
avantages; mais toute confiance était pré-
venue; à l'âge des passions et des fautes,
dans les crises de mélancolie, d'indécision
et d'inquiétude, le jeune homme ne voyait
point dans son Père un confident, un ami
et un guide; l'auteur de ses jours n'était
pour lui qu'un juge redoutable, dont il
éludait les sentences, et fuyait les regards.
Que de jeunes gens contractaient, dans la
maison paternelle, le vice odieux de l'hypocrisie! et, parmi ceux qui conservaient
leur candeur, n'en était-il pas un grand

nombre qui soupiraient secrètement après le jour où ils pourraient s'éloigner de leurs parens, comme un esclave désire échapper à la servitude ?

Il n'en est plus ainsi ; amour et indulgence d'une part, de l'autre amour et déférence : tel est aujourd'hui l'esprit de famille. Un père n'est plus le Souverain de son fils ; il est son frère aîné : dès sa première enfance, il a été de tous ses jeux, il a assisté à la naissance de tous ses sentimens, de toutes ses idées ; il a pris sans efforts le droit de lire, à chaque instant, dans son ame ; plus de secrets, plus de fausseté, plus de détours : l'enfant, devenu jeune homme, consulte son Père avec empressement, avec abandon ; et lorsque les passions le pressent, il éprouve une crainte, plus forte peut-être, mais du moins plus touchante et plus noble que celle d'irriter son Père : il craint de l'affliger : enfin, lorsque son impétuosité l'entraîne, c'est encore sur le cœur de son ami, sur le cœur de son Père, qu'il vient s'accuser et se repentir.

Tel sera désormais, en France, le caractère de la Monarchie; les Rois, n'ignorant plus qu'ils appartiennent à l'humanité comme tous leurs sujets, seront leurs amis, leurs confidens, leurs Pères; ils les conduiront avec une tendre sollicitude; ils s'uniront à eux par un commerce de confiance et d'amour. Plus de tyrannie dans l'exercice du pouvoir; et, dans les relations des supérieurs avec les inférieurs, plus de dignité factice, plus de morgue dure et farouche; par conséquent, plus d'avilissement dans l'obéissance du Peuple, plus d'hypocrisie dans ses sentimens. Toute force naîtra d'affection et de franchise.

C'est-là que la Philosophie voulait en venir.

Passons maintenant à des considérations d'un autre genre, mais non moins importantes. L'esprit de la Monarchie constitutionnelle est précisément un esprit de confiance mutuelle, de publicité, de franchise; il prévient les détours du mystère, il entraîne, de toutes parts, clarté et véracité; il est par conséquent en harmonie avec l'esprit de famille; il est le meilleur pour nous, puisqu'il est le plus convenable à nos mœurs. Notre premier intérêt politique est donc de le maintenir.

Mais ajoutons, comme très-digne d'attention, qu'il n'est qu'un seul genre de Monarchie constitutionnelle dont nous soyions susceptibles; c'est la Monarchie constitutionnelle populaire ou Démocratique. Je crois devoir m'expliquer.

Le Gouvernement de l'Angleterre est manifestement une Monarchie constitutionnelle, mais du genre Aristocratique. La représentation nationale n'est point uniformément distribuée; la part des classes inférieures est loin d'être égale à celle des classes supérieures; la prépondérance de l'élection appartient, non de droit, mais d'usage et de fait, à un certain nombre de familles; en sorte que l'Election étant devenue, comme la Royauté, une sorte d'apanage héréditaire, on peut dire que c'est la Royauté elle-même, et pour ainsi dire dilatée, qui forme essentiellement la Constitution.

Je suis loin de considérer ce mode de Gouvernement comme formellement contraire aux droits et aux principes; et il est évident que les raisonnemens les plus spécieux que l'on pourrait faire pour le condamner, échoueraient contre les conséquences que les faits entraînent. Une Constitution est certainement bonne, c'est-à-dire convenable au Peuple qu'elle régit, lorsque, se trouvant en exercice depuis plus d'un siècle, elle a élevé la fortune et la puissance de ce Peuple à un degré extraordinaire; lorsque, dans toutes les circonstances grandes et critiques, elle lui a donné les moyens de surmonter les plus formidables dangers.

Il est vraisemblable que l'Angleterre conservera long-temps encore cette Cons-

titution Aristocratique; et il paraît que le
Peuple lui-même, soit raison, soit impuis-
sance, ne songe plus à l'ébranler.

Mais il y a une grande différence entre
les conditions de l'existence du Peuple
Anglais et celles du Peuple Français. En
France, le caractère national est plus animé qu'en Angleterre; pour cette raison, il
est plus mobile; le territoire est plus étendu, plus varié, plus fertile; ce qui fait que
la propriété, mobile comme le caractère
des habitans, est sujette à des mutations
continuelles, qui la transforment, qui la
morcellent, qui l'empêchent de se prêter
à l'établissement d'une Aristocratie fixe,
revêtue de quelque stabilité. D'ailleurs, le
dogme religieux, en Angleterre, est très-
simple; ce qui lui a donné de la permanence; et celle-ci a rendu plus facile la
permanence de toutes les institutions.

Il est résulté du concours de toutes ces
causes, que c'est l'Aristocratie qui a fait,
en Angleterre, la Révolution; tandis que la
Révolution Française a été faite par l'esprit

démocratique. Or, les mouvemens politiques, comme ceux d'un genre quelconque, ont nécessairement des résultats qui
se rapportent à la nature des moteurs qui
les ont provoqués; on ne saurait faire un
échange d'effets, là où l'on ne pourrait commencer par faire un échange de causes.

Ainsi, la Monarchie Constitutionnelle
Aristocratique serait désormais aussi impossible en France que la Monarchie Constitutionnelle Démocratique serait difficile
en Angleterre. Je crois devoir laisser cette
nuance de l'impossibilité à la difficulté.

Maintenant on a le droit de le demander:
n'est-ce pas une sorte de monstruosité politique qu'une Monarchie Constitutionnelle
Démocratique? Quelle stabilité peut-on
attendre de l'association d'élémens qui pa-
raissent incompatibles? Comment ne pas
voir que toute Constitution Démocratique,
dans un Grand État, ne peut être qu'une
forme transitoire qui, par l'égalité de tous,
conduit à la puissance d'un seul?

A ces questions très-judicieuses je crois

pouvoir répondre, que tel serait, en France, le progrès nécessaire et même rapide de la seule forme de Monarchie Constitutionnelle dont ce grand État est susceptible, si une condition majeure, et de très-grande importance, ne réagissait avec force contre les causes qui tendent à amener ce progrès. Je vais exposer ma pensée avec franchise, sans être arrêté par la crainte de blesser, d'offenser même les sentimens français. J'honore profondément tout ce qui, dans un peuple généreux, atteste la fierté de caractère; mais ce respect, qui n'est lui-même qu'un sentiment, ne saurait, à mes yeux, balancer un devoir; et je pense que le premier devoir d'un Écrivain est de ne dire que ce qu'il croit être la vérité.

Pour me faire mieux entendre sur un sujet si délicat, supposons que la France, gouvernée, comme elle l'est aujourd'hui, avec franchise, habileté, sagesse, conformément aux principes d'une constitution réclamée par ses mœurs, se trouvât de plus, au sein de l'Europe, dans les circonstances qui existaient il y a trente ans. Dès-lors l'imagination est frappée et comme éblouie de l'éclat et de la puissance que ce bel Empire va acquérir; le développement des avantages si grands, si nombreux, que la nature lui a accordés, se trouvant admirablement favorisé par toutes ses institutions, il se produit rapidement, dans toutes les parties du corps social, un accroissement extraordinaire de force et de richesse; le sol présente à l'industrie une immensité de trésors informes; l'industrie couvre le sol d'une immensité d'ouvrages parfaits. Bientôt la fortune publique et la fortune particulière se trouvent dans un tel état d'exhubérance que, sous peine d'en être accablées, elles provoquent, à l'extérieur, de vastes et nombreux moyens d'écoulement; et il faut les satisfaire. Les besoins généraux d'un peuple ne sauraient être ajournés, ni même modérés, comme ceux d'un homme qui a de la force et de la sagesse. La raison en est que lorsqu'un peuple est parvenu à une

haute prospérité, le nombre d'hommes qui
le composent s'est fortement augmenté, et
une grande partie de cette population si
abondante n'existe que par l'emploi jour-
nalier de son industrie; pour qu'elle ne
souffre pas, pour que l'habitude qu'elle a
prise du travail et du bien-être ne la porte
pas à la sédition, ou du moins au murmure,
il faut qu'il n'y ait point d'interruption dans
son bien-être et son travail. Il faut, par
conséquent, que le peuple entier, sem-
blable à un arbre plein de sève, de vigueur,
et dont tous les mouvemens sont libres,
puisse s'étendre par ses branches et ses ra-
cines; il faut que son action vitale, vaste et
pompeuse, tende à répandre ses fruits sur
tout le sol d'alentour.

Mais depuis long-temps, en Europe, une
telle extension ne peut plus se faire sans résistance; et, d'un autre côté, lorsque la résistance n'est pas singulièrement formidable,
lorsque, bien loin de montrer un appareil
qui décourage, elle laisse entrevoir qu'elle

pourra être vaincue, alors elle ne fait plus que redoubler l'ardeur du Peuple qui l'affronte; elle imprime plus d'union, plus de vivacité, plus de force, au développement général; c'est encore le chêne vigoureux qu'un vent modéré secoue.

Dans de telles situations, le Gouvernement lui-même, et tous les hommes qui composent les institutions politiques, sont personnellement associés à la direction commune et à l'énergie nationale : car, à la même époque, chez un peuple quelconque, presque tous les hommes partagent les mêmes inclinations, les mêmes idées; et celui qui serait étranger à son siècle, celui qui ne ressemblerait pas, par le fond de ses désirs et de son caractère, au plus grand nombre de ses contemporains, serait hors d'état de les gouverner.

On peut donc être assuré que chez un Peuple rendu ambitieux et agresseur par la nécessité de soutenir sa prospérité, et la possibilité d'étendre sa puissance, les

Chefs même de l'Etat, les mandataires de toutes les classes, partageraient les dispositions générales, et même, le plus souvent, en échaufferaient l'ardeur.

Or, d'une telle impulsion qu'elles seraient les suites nécessaires? C'est que le but s'éloignant, ou s'agrandissant, à mesure que l'on s'avancerait pour l'atteindre, et les difficultés, les résistances, croissant dans le même rapport, l'unité d'efforts deviendrait chaque jour plus impérieuse; et l'unité d'efforts amènerait inévitablement la concentration des moyens, par conséquent l'unité du pouvoir.

Telle est donc, à mes yeux, l'évidence. Un Peuple, fort, brillant, prospère, amené à cet état par une Constitution libre ou balancée, cesse graduellement et rapidement d'en être susceptible, aussitôt que, pressé par le besoin de s'agrandir, et dominateur des résistances, il se livre aux soins, aux projets, aux tentatives qui peuvent satisfaire son ardeur.

Au siècle de Caton, la Puissance Romaine avait besoin d'envahir l'Europe, et elle pouvait l'envahir; c'est ce qui amena la Dictature de César. Au siècle de Louis XVI, l'Empire Français avait besoin de devenir, sur le globe, puissance majeure et prépondérante, et nul obstacle ne se montrait invincible; c'est ce qui amena la Dictature de Napoléon.

On objecterait vainement que l'Angleterre aspire à une domination très-étendue, que même elle y parvient, et que cependant elle garde sa Constitution.

En premier lieu, cette Constitution, ainsi que nous l'avons remarqué, n'est qu'une Royauté partagée, ou une Monarchie Aristocratique : si elle devenait populaire, si la représentation y était fondée, comme en France, sur un système électoral équitablement balancé, les mouvemens nationaux y prendraient une ardeur beaucoup plus véhémente; ce qui, par l'exaltation des efforts, amènerait le besoin de l'unité.

En second lieu, la Puissance Anglaise est essentiellement commerciale et maritime; c'est au loin, et sur d'immenses surfaces, que le Gouvernement disperse et isole les hommes qui ont le plus d'énergie; séparés de leurs concitoyens, quelquefois pendant des années entières, ils ne forment point de liaisons politiques; ils ne s'exercent point à discuter les projets même dont l'exécution leur est confiée; ils laissent au Gouvernement la faculté d'être calme, prévoyant et prudent.

Enfin, ces hommes actifs, intrépides, avides de changemens et d'aventures, ne sont pas nécessaires à la défense du territoire; des barrières presque impénétrables circonscrivent ce territoire d'une faible étendue. Si le Gouvernement, qui se porte sans cesse comme agresseur sur un grand nombre de points éloignés, avait à redouter lui-même une agression sur les points qui le touchent; s'il était contraint de tenir à sa disposition immédiate une grande

*

réunion d'hommes braves et disciplinés,
une véritable armée, il passerait graduellement sous l'influence et l'autorité du chef
de cette armée. Partout où une grande
force militaire s'établit avec permanence,
il est inévitable que la puissance publique
soit saisie par le soldat le plus habile ou
le plus audacieux.

Aujourd'hui, en France, une telle situation a été écartée de notre destinée; nous
ne pouvons plus déborder hors de nos
limites, et nous n'avons pas à craindre
qu'elles soient franchies; l'Europe est dé-
cidée à respecter notre indépendance et à
faire respecter la sienne; elle sait qu'à l'instant où elle exciterait nos alarmes, elle
provoquerait la résurrection de notre puissance militaire; et celle-ci, auxiliaire terrible de la puissance révolutionnaire, ébran-
lerait de nouveau tous les trônes, boule-
verserait de nouveau l'univers.

La France, à-la-fois réprimée et redou-
tée, peut donc conserver sa Constitution

libérale, sa Constitution de famille; et elle
en a besoin pour faire une noble et heureuse diversion à son activité et à ses
regrets.

C'est ainsi, comme l'on voit, que, dans
le plan équitable des événemens humains,
de grands avantages sont attachés, comme
conséquences nécessaires, à de grandes in-
fortunes. La prépondérance et la gloire
sont sans doute de belles sources de jouissances pour un Peuple qui trouverait en
lui-même les moyens d'y prétendre; mais
lorsque, par l'excès même de son énergie,
il a échoué dans ses vastes entreprises,
lorsque le résultat ultérieur de ses immenses efforts a été de constituer, autour
de lui-même, une répression formidable,
rendue invincible par l'union de ses parties; il faut alors que ce grand Peuple se
replie sur lui-même; ce qui, aux premiers
momens, ne se fait pas sans une violente
souffrance; mais comme sa nature lui
reste, comme ses revers n'ont pu lui rien

enlever de son activité, de son intelligence, de toutes ses facultés essentielles, c'est à d'autres objets qu'il est contraint de les appliquer; et, ces objets, il faut encore, par l'impulsion de sa nature forte et animée, qu'il les choisisse importans et élevés.

Les conquêtes de la valeur et de la force ne peuvent être dignement remplacées que par les conquêtes de la raison, de la liberté, du savoir et de l'industrie. Tel est désormais le magnifique domaine sur lequel le Peuple Français doit établir sa puissance; et ce domaine de la raison, du savoir, de l'industrie, de la liberté, a pour immense avantage de ne pouvoir être enfermé dans des limites, ni pour le temps, ni pour l'espace; il est destiné à embrasser tous les peuples et tout l'avenir. Sous le Gouvernement de famille qui va nous régir, nos lois, nos institutions, d'abord vérifiées par l'expérience, épurées ensuite par la discussion la plus franche, la plus lumineuse, deviendront les meilleures que les peuples très-civilisés puissent recevoir; nos pensées générales, devenues concordantes avec les lois éternelles, seront les plus vraies, les plus calmes, les plus conciliantes, les plus durables que notre intelligence puisse posséder; nos hommes d'état, forcés d'être les plus éclairés, les plus habiles, chez un Peuple rempli d'hommes habiles et éclairés, iront sans cesse au-devant de la surveillance générale, et seront, par le plus noble intérêt, pleins de loyauté, de probité, de zèle, parce qu'ils ne pourront oublier que, par chacune de leurs actions, ils se mettront en présence de leurs contemporains, de l'histoire et de la postérité. Notre émulation concentrée, se portant sur les beaux-arts et les sciences, nous donnerons à notre existence sociale une grâce féconde, une maturité douce, qui appelleront vers nous tous les peuples de la terre; c'est chez nous-mêmes que l'on viendra chercher tous les genres d'instructions et de modèles; c'est en France que

l'on viendra goûter tous les charmes de la
société et de la nature; nous sommes des-
tinés à montrer aux générations humaines
tout ce que l'homme peut produire, tout
ce qu'il peut connaître, et tout ce qu'il
peut devenir.

www.ingramcontent.com/pod-product-compliance
Lightning Source LLC
Chambersburg PA
CBHW061424060726
47597CB00003B/1139